W0412564

Gâteaux surprises

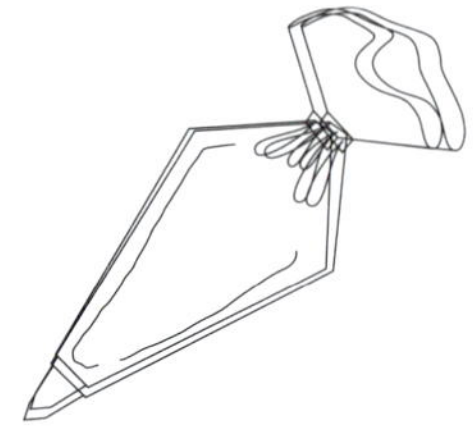

À propos

Abréviations
cm = centimètre
c.s. = cuillerée à soupe
g = gramme
l = litre
ml = millilitre
c.c. = cuillerée à café
Ø = diamètre

Four
Les températures correspondent à celles d'un four traditionnel.
Dans le cas d'un four à chaleur tournante, réduire la température de 20 °C.

Crédits photographiques
Photographies :
p. 62 et 65 : Studio Klaus Arras
Toutes les autres photos : TLC Fotostudio

Illustrations :
Annexes (p. 11 et 81) : © siro – Fotolia.com
Toutes les autres illustrations : archives de l'édition

Gâteaux surprises

Sommaire

Gâteaux surprises

Vous aimez cuisiner et êtes un peu artiste ? Vous avez un faible pour les pâtisseries et vous avez gardé votre âme d'enfant ? Alors, nos gâteaux surprises sont exactement ce qu'il vous faut ! Leur atout premier : ils ressemblent à de simples gâteaux, mais en les coupant, on découvre leur cœur surprenant. Avec des rayures ou des carreaux, des friandises et des couleurs, ces gâteaux sont de vrais délices pour les yeux et les papilles !

Vous apprendrez dans cet ouvrage comment réaliser vous-même ces chefs-d'œuvre sucrés. Car s'ils ressemblent à de petites œuvres d'art, leur fabrication n'est pas si difficile. Tout ce dont vous avez besoin, c'est du savoir-faire adéquat, d'un peu de temps, d'enthousiasme et de la créativité.

Comment procéder

Dans ce livre, les gâteaux sont surprenants car ils sont tous différents, mais en les réalisant, vous constaterez qu'il existe quelques techniques de fabrication fondamentales. Si vous les maîtrisez, vous pouvez sans crainte vous attaquer à n'importe quel gâteau surprise, et créer également très facilement votre propre gâteau. Garnissez le gâteau de vos friandises préférées, incorporez un cœur dans le gâteau pour votre amoureux ou teintez votre gâteau surprise selon l'envie et l'humeur dans vos couleurs préférées. Aucune limite n'est fixée à votre créativité et votre imagination !

Gâteaux garnis

Avec ces gâteaux, l'effet de surprise est garanti ! Quand on les entame, des sucreries multicolores ou des amandes grillées croquantes tombent du gâteau, ou il s'en écoule une délicieuse purée de fruits. Les gâteaux fourrés raffinés sont aussi très attrayants, comme le rêve de framboise (*voir* page 55) à la savoureuse garniture de crème, qui est enveloppé de tous côtés de pâte délicate. Pour tous ces gâteaux, la technique de réalisation est en principe la même : on découpe dans le fond de la pâte un creux dans lequel on répartit la garniture.

Gâteaux avec motifs intérieurs

Un trèfle comme porte-bonheur ou l'âge de celui dont c'est l'anniversaire : avec les gâteaux à motifs, vous allez à coup sûr provoquer l'étonnement ! La réalisation de ces gâteaux demande un peu d'entraînement pour que les motifs soient parfaitement placés, mais vous vous améliorerez au fur et à mesure de vos essais. Peu importe que ce soit un cake ou un kouglof, la réalisation fonctionne toujours selon le même principe : un gâteau (la plupart du temps coloré) est coupé en tranches dans lesquelles on taille le motif souhaité. Les motifs sont ensuite placés dans le moule les uns contre les autres sur une pâte d'une autre couleur, puis recouverts à nouveau de pâte, et le tout est cuit ensemble.

Gâteaux avec motifs et couches de couleurs

Les gâteaux avec des motifs comme des rayures, des carreaux ou des pois, ou avec des couches de couleurs amusantes font sensation. Leur réalisation est relativement simple. Ils nécessitent toutefois un peu de temps car il faut souvent préparer et cuire plusieurs pâtes, qui sont ensuite assemblées. Mais le travail en vaut la peine !

Ce qu'il vous faut

Pour la réalisation de ces gâteaux surprises, vous n'avez généralement besoin d'aucun équipement de cuisine particulier. En principe, vous vous en sortez avec des moules ordinaires et avec des ustensiles courants comme un batteur, un pinceau de cuisine, un racloir à pâtisserie, une grille, une spatule, un couteau, etc. Pour les gâteaux avec motifs intérieurs, il vous faut en plus différents emporte-pièce. Pour certains gâteaux, comme par exemple les gâteaux fourrés, les cercles de tailles différentes sont très pratiques (si vous n'en avez pas, vous pouvez aussi confectionner un modèle adapté en carton à l'aide duquel vous découperez la pâte). Pour d'autres gâteaux, un appareil à cake pops est très utile. Pour les décors, il vous faudra une poche à douille munie d'un embout en forme d'étoile ou uni.

Avec les restes

Lors de la confection du gâteau, il peut y avoir des restes. Vous pouvez alors, par exemple, créer de délicieux desserts en étages. Les pâtes colorées, combinées dans un verre avec des fruits et de la crème, font beaucoup d'effet ! Si vous ne souhaitez pas utiliser tout de suite les restes de gâteau, vous pouvez les congeler sans problème. Il est préférable de couper les bouts de gâteau restants en morceaux pour avoir rapidement sous la main la quantité qui convient.

Cake pops

Si l'on veut être plus créatif, on utilise les restes de gâteau pour réaliser des cake pops, ces boules de gâteaux très sucrées en bâtonnets ! Pour cela, on retire la croûte des restes de gâteau que l'on émiette et que l'on malaxe avec du fromage frais et du sucre glace pour obtenir une masse ferme et malléable (pour 250 g de gâteau, il faut 35 g de fromage frais double crème et 65 g de sucre glace). Avec la masse de pâte, on forme ensuite de petites boules (2,5 à 3 cm Ø) que l'on place au réfrigérateur à couvert pendant environ 1 heure (c'est plus rapide au congélateur). Quand les boules de pâte sont bien refroidies, on les enfile sur des bâtonnets pour cake pops. Auparavant, il est conseillé de plonger les bâtonnets sur quelques centimètres dans un glaçage ou du fondant au chocolat. De cette façon, les boules de pâte adhèrent mieux aux bâtonnets.

Les cake pops peuvent être décorés à volonté. Ils sont d'abord recouverts d'un support « collant » en nappage, glaçage au chocolat, au sucre ou aux fruits, avant d'être décorés de noisettes, copeaux de chocolat, perles de sucre… Pour recouvrir des cake pops de glaçage, le mieux est de verser la masse dans un récipient haut et étroit et d'y plonger le cake pop en tournant. On peut également appliquer le glaçage au pinceau. Avant de décorer, laissez sécher brièvement le glacis, afin que le décor ne glisse pas. Roulez ensuite les cake pops dans le décor souhaité ou saupoudrez-les. Laissez bien sécher le tout. Conservez les cake pops au réfrigérateur jusqu'au moment de servir.

Nous vous souhaitons beaucoup de plaisir et de réussite avec ces gâteaux surprises !

Délices sucrés

Gâteaux surprises
pour le goûter

Porte-bonheur *sucré*

Avant un examen, pour la nouvelle année ou avant un premier rendez-vous : avec ce gâteau surprise, souhaitez beaucoup de bonheur et de succès à votre meilleur(e) ami(e) !

1 Préchauffer le four à 180 °C (th. 6). Beurrer un moule à cake (d'une contenance de 1 l environ) et le revêtir de papier de cuisson. Pour la pâte verte, battre le beurre en mousse avec le sucre pendant 10 minutes. Incorporer les œufs un à un. Mélanger la farine avec la levure et tamiser sur la pâte. Ajouter le sirop de menthe et quelques gouttes de colorant alimentaire vert.

2 Mettre la pâte dans le moule, lisser le dessus et faire cuire au four pendant 35 minutes. Après la cuisson, laisser reposer un peu avant de démouler, puis laisser complètement refroidir sur une grille.

3 Couper le gâteau refroidi en tranches de 1 cm environ et les placer pendant 30 minutes au réfrigérateur pour que la pâte soit plus ferme et se découpe facilement.

Pour 8 parts

Pour la pâte verte

150 g de beurre à température ambiante
150 g de sucre
3 œufs
150 g de farine
2 c.c. de levure chimique
1 c.s. de sirop de menthe
Colorant alimentaire vert

Pour la pâte claire

50 g de pâte d'amande
50 ml de crème fraîche
150 g de beurre à température ambiante
100 g de sucre
3 œufs
200 g de farine
2 c.c. de levure chimique
3 c.s. de poudre d'amandes

Pour la décoration

100 g de beurre à température ambiante
75 g de sucre glace
25 g de fromage frais à température ambiante
1 c.c. de sirop de menthe
Colorant alimentaire vert
Framboises pour décorer
Sucre glace pour saupoudrer

En plus

Beurre pour le moule

Temps de préparation
env. 1 heure
(Temps de cuisson et de refroidissement en sus)

4 Pendant ce temps, préparer la pâte claire. Laver et sécher le moule, le beurrer et le revêtir de papier de cuisson. Préchauffer le four à 170 °C (th. 5-6). Écraser la pâte d'amande avec la crème fraîche pour obtenir un mélange bien lisse. Battre le beurre en mousse avec le sucre pendant 10 minutes, puis incorporer la crème à la pâte d'amande. Ajouter les œufs un à un. Mélanger la farine avec la levure, et tamiser sur la pâte. Ajouter la poudre d'amandes.

5 Dans la pâte verte, découper un trèfle à l'aide d'un emporte-pièce (de 5 cm environ) dans chaque tranche (image 1). Mettre la moitié de la pâte claire dans le moule. Placer dessus les trèfles serrés l'un derrière l'autre pour obtenir une rangée continue (image 2), en appuyant légèrement dans la pâte. Répartir dessus la pâte claire restante pour que les trèfles soient complètement recouverts de pâte (image 3).

6 Lisser la pâte et faire cuire au four à mi-hauteur pendant 55 minutes. Après la cuisson, laisser reposer un peu avant de démouler, puis laisser complètement refroidir sur une grille.

7 Pour la décoration, battre le beurre en mousse en ajoutant progressivement le sucre glace. Incorporer le fromage frais et le sirop de menthe. Teinter la crème obtenue avec du colorant alimentaire vert.

8 Étaler la crème tout autour du gâteau. Garnir le gâteau avec des framboises et saupoudrer de sucre glace.

Astuce

Vous pouvez réaliser d'autres motifs dans le gâteau. Les plus appropriés sont les formes avec des contours aussi simples que possible, comme des cœurs par exemple, pour que la pâte puisse être découpée avec précision.

1

2

3

Pour 8 parts

Pour la pâte claire

4 œufs

Sel

200 g de sucre

250 g de beurre à température ambiante

200 g de farine

2 c.c. de levure chimique

50 g de poudre d'amandes

3 c.s. de lait

Pour la pâte foncée

4 œufs

Sel

200 g de sucre

250 g de beurre à température ambiante

225 g de farine

2 c.c. de levure chimique

30 g de cacao en poudre

3 c.s. de lait

Pour la ganache

200 g de chocolat noir

200 g de chocolat au lait

200 ml de crème fraîche

1 c.s. de rhum

En plus

Beurre pour les moules

Copeaux de chocolat noir

Copeaux de chocolat blanc et de chocolat au lait

Cacao en poudre pour saupoudrer

Échiquier gourmand

Extérieurement, un gâteau au chocolat qui n'a l'air de rien, au-dedans, un petit chef-d'œuvre ! Avec ce gâteau raffiné à damiers, vous provoquerez certainement l'admiration.

1 Préchauffer le four à 175 °C (th. 5-6). Beurrer deux moules à bord amovible (20 cm Ø). Pour la pâte claire, séparer les blancs des jaunes d'œufs. Battre en neige les blancs d'œufs avec 1 pincée de sel et 50 g de sucre. Réserver au frais. Battre en mousse le beurre avec le sucre restant pendant 10 minutes. Ajouter les jaunes d'œufs. Mélanger la farine avec la levure et tamiser sur la pâte. Ajouter la poudre d'amandes. Ajouter le lait et mélanger jusqu'à obtenir une pâte bien lisse. Incorporer les blancs en neige.

2 Répartir la pâte dans les deux moules et cuire les gâteaux à mi-hauteur du four pendant 35 minutes. Après la cuisson, laisser reposer un peu avant de démouler, puis laisser complètement refroidir sur une grille.

3 Laver les moules et les graisser à nouveau. Préparer la pâte foncée de la même manière que la pâte claire, et tamiser le cacao en poudre sur la pâte en même temps que la farine et la levure. Répartir la pâte dans les deux moules et cuire les gâteaux à mi-hauteur du four pendant 35 minutes. Après la cuisson, laisser reposer un peu avant de démouler, puis laisser complètement refroidir sur une grille.

Temps de préparation

env. 1 h 20

(Temps de cuisson et de refroidissement en sus)

Astuce

Pour un gâteau plus coloré, préparez une double quantité de pâte claire, divisez-la en deux et colorez chaque moitié avec du colorant alimentaire de couleurs différentes.

4 Pour la ganache, hacher le chocolat noir et le chocolat au lait. Porter la crème fraîche à ébullition en remuant, puis retirer du feu et ajouter les chocolats hachés. Laisser reposer 2 minutes, puis remuer en ajoutant le rhum. Mélanger le tout très rapidement pour obtenir une purée lisse, en veillant à inclure le moins d'air possible. Laisser refroidir.

5 Découper la surface des 4 génoises pour les égaliser. Tailler ensuite dans chaque génoise un grand cercle pour qu'il reste une bordure large de 4 cm (image 1). Puis découper un rond à l'intérieur de chaque cercle pour qu'il reste une bordure de 4 cm de large (image 1).

6 Assembler les cercles en alternant les couleurs (image 2). Enduire un fond avec un bord extérieur clair avec de la ganache et poser dessus un fond avec un bord extérieur foncé (image 3). Enduire à nouveau celui-ci avec de la ganache et poser dessus un fond à bord extérieur clair. Enduire à nouveau de ganache et poser le dernier fond par-dessus.

7 Enduire tout le tour du gâteau avec de la ganache. Mettre le reste de ganache dans une poche à petite douille muni d'un embout en étoile et appliquer en petites touches sur le bord du gâteau. Garnir le dessus du gâteau ainsi que ces bords, en bas, avec des copeaux de chocolat. Saupoudrer de cacao. Placer le gâteau au frais jusqu'au moment de servir.

1

2

3

Pour 8 parts

Pour la pâte
160 g de beurre
7 œufs
Sel
225 g de sucre
175 g de farine
Colorant alimentaire rose

Pour l'intérieur
Pastilles de chocolat roses et blanches
Cœurs en sucre roses, blancs et rouges

Pour la décoration
500 ml de crème fraîche
2 sachets de fixe chantilly
2 sachets de sucre vanillé
8 cerises confites

En plus
Beurre pour les moules
6 c.s. de gelée de groseille

Temps de préparation
env. 40 minutes
(Temps de cuisson
et de refroidissement en sus)

Gâteau princesse

Rose, joli et au doux goût sucré : ce gâteau est le couronnement de toute table de goûter élégant. Le gâteau parfait pour les petites princesses et leur cour !

1 Préchauffer le four à 180 °C (th. 6). La chaleur tournante n'est pas adaptée pour cette recette. Graisser le fond de deux moules à bord amovible (18 cm Ø).

2 Pour la pâte, faire fondre le beurre, puis retirer du feu et le laisser tiédir. Casser les œufs. Battre les blancs en neige avec une pincée de sel et 75 g de sucre. Réserver au frais. Battre les jaunes d'œufs avec le sucre restant jusqu'à obtenir un mélange mousseux. Tamiser la farine par-dessus, verser le beurre tiède encore liquide et ajouter un tiers des blancs en neige. Mélanger le tout. Ajouter le reste de blancs en neige. Incorporer le colorant alimentaire et teinter la pâte en rose.

3 Répartir la pâte dans les deux moules et faire cuire à mi-hauteur du four pendant 30 minutes. Détacher les gâteaux des moules, laisser complètement refroidir sur une grille, puis placer au réfrigérateur pendant 30 minutes.

4 Découper la surface des gâteaux pour les égaliser. Partager un gâteau en deux horizontalement (image 1). Ces moitiés serviront de fond et de couvercle. Dans le second gâteau, découper un grand cercle pour qu'il reste une bordure de 2 cm de large (image 2).

5 Faire chauffer la gelée de groseille. Poser l'une des moitiés de gâteau sur un plat à tarte. Enduire le dessous du cercle de pâte avec de la gelée. Placer sur le fond et presser légèrement. Mettre les pastilles de chocolat et les cœurs en sucre dans le creux et badigeonner de nouveau avec de la gelée le haut du gâteau (image 3). Recouvrir avec la seconde moitié du gâteau et presser légèrement.

6 Pour le décor, battre la crème fraîche avec le fixe chantilly et le sucre vanillé, et en enduire toute la surface du gâteau. Mettre le reste de chantilly obtenue dans une poche à douille munie d'un embout en étoile et disposer huit rosettes. Poser une cerise confite sur chaque rosette.

Astuce

Une super surprise pour la fête d'anniversaire de votre petite princesse : fabriquez avec du papier alimentaire de petits lots ou des bons, attachez-les ensemble avec du fil de cuisine et mélangez-les avec les pastilles de chocolat et les cœurs en sucre : quand on coupe le gâteau, ils jaillissent et produisent ainsi une double surprise !

1

2

3

Gâteau premiers secours

Chagrin d'amour, méchant rhume ou simplement mauvaise humeur : il y a beaucoup d'occasions où un peu de réconfort fait du bien. Avec ce drôle de gâteau, vous offrez les « premiers secours » de manière gourmande !

1 Préchauffer le four à 180 °C (th. 6). Beurrer un moule à cake (d'une contenance de 1 l environ) et le revêtir de papier de cuisson. Pour la pâte rouge, battre le beurre en mousse avec le sucre pendant 10 minutes. Puis, incorporer les œufs un à un. Mélanger la farine avec la levure chimique et tamiser par-dessus la pâte. Remuer l'ensemble en une pâte homogène, en ajoutant du colorant alimentaire jusqu'à obtenir un rouge soutenu.

2 Mettre la pâte dans le moule, lisser la surface et faire cuire à mi-hauteur du four pendant 35 minutes. Après la cuisson, laisser reposer un peu avant de démouler, puis laisser complètement refroidir sur une grille.

3 Couper le gâteau en tranches d'environ 1,5 cm et les placer pendant 30 minutes au réfrigérateur pour que la pâte durcisse et se découpe plus facilement.

Pour 8 parts

Pour la pâte rouge

125 g de beurre
125 g de sucre
2 œufs
125 g de farine
2 c.c. de levure chimique
Colorant alimentaire rouge

Pour la pâte blanche

70 g de farine
½ c.c. de levure chimique
175 g de sucre en poudre
5 blancs d'œufs
Sel

Pour la décoration

100 g de beurre à température ambiante
75 g de sucre glace
25 g de fromage frais à température ambiante
50 g de noisettes ou d'amandes
50 g de sucre

En plus

Beurre pour le moule
Huile pour badigeonner

Temps de préparation

env. 1 heure
(Temps de cuisson et de refroidissement en sus)

4 Pendant ce temps, préparer la pâte blanche. Pour cela, laver et sécher le moule, le beurrer et le recouvrir de papier de cuisson. Préchauffer le four à 180 °C (th. 6). La chaleur tournante n'est pas adaptée pour cette recette. Mélanger la farine, la levure chimique et 75 g de sucre et tamiser dans un bol. Battre les blancs d'œufs en neige avec une pincée de sel et le sucre restant. Tamiser le mélange de farine sur les blancs en neige et incorporer avec précaution à l'aide d'une spatule.

5 Découper une croix dans chaque tranche de gâteau rouge à l'aide d'un emporte-pièce (de 5 cm environ). Si vous n'avez pas d'emporte-pièce en forme de croix, découper d'abord un carré et tailler de petits carrés tout autour pour former une croix (image 1).

6 Mettre la moitié de la pâte blanche dans le moule. Disposer dessus les croix en les plaçant les unes derrière les autres, afin d'obtenir une rangée continue (image 2), en appuyant légèrement sur la pâte. Répartir le reste de pâte blanche dessus pour que les croix soient complètement recouvertes (image 3).

7 Lisser la pâte et faire cuire à mi-hauteur du four pendant 40 minutes. Attention : ne pas ouvrir la porte du four pendant les 20 premières minutes de cuisson. Après la cuisson, laisser reposer un peu avant de démouler, puis laisser complètement refroidir sur une grille.

8 Pour la décoration, battre le beurre en mousse. Ajouter progressivement le sucre glace. Puis, mélanger le fromage frais cuillerée par cuillerée. Réserver cette préparation au frais.

9 Pour le croquant, hacher finement les noisettes ou les amandes. Faire fondre le sucre dans une poêle avec 1 cuillerée à soupe d'eau. Ajouter les noisettes et laisser caraméliser. Badigeonner une plaque de cuisson avec de l'huile. Verser la préparation obtenue dessus, l'étaler et l'aplatir à l'aide d'un rouleau à pâtisserie huilé. Laisser refroidir. Casser la plaque en morceaux et les mettre dans un sachet de congélation. Écraser avec le côté plat d'un attendrisseur. Décorer le gâteau avec la crème au beurre et au fromage frais, puis parsemer le croquant par-dessus.

Astuce

Si vous inversez les couleurs de chaque pâte, vous obtenez le drapeau suisse !

1

2

3

Surprise de Noël

Bûche, cookies ou pain d'épices ? Quel ennui ! Ce gâteau raffiné à l'effet remarquable offre un vrai changement : la surprise idéale pour les fêtes de fin d'année !

Pour 16 parts

Pour la pâte jaune
175 g de beurre
150 g de sucre, 3 œufs
50 g de noix de coco râpée
150 g de farine, sel
1 c.c. de levure chimique
Colorant alimentaire jaune

Pour la pâte verte
300 g de beurre, 250 g de sucre, 6 œufs
225 g de farine, sel
2 c.c. de levure chimique
100 g de pistaches hachées
Colorant alimentaire vert

Pour la pâte bleue
300 g de beurre, 250 g de sucre
6 œufs, 225 g de farine, sel
2 c.c. de levure chimique
100 g de poudre d'amandes
Colorant alimentaire bleu foncé

Pour la décoration
40 g de beurre, 85 g de sucre glace
1 c.c. d'arôme de vanille
400 g de fondant roulé bleu foncé
1 blanc d'œuf
Colorant alimentaire doré

En plus
Beurre et farine pour les moules

Temps de préparation
env. 2 heures (Temps de cuisson et de refroidissement en sus)

1 Préchauffer le four à 180 °C (th. 6). Pour la pâte jaune, beurrer un moule à cake (d'une contenance de 1 l environ) et le saupoudrer de farine. Battre le beurre en mousse avec le sucre et 1 pincée de sel. Incorporer les œufs un à un. Moudre finement la noix de coco râpée. Mélanger avec la farine et la levure, et tamiser sur la pâte. Remuer le tout pour obtenir une pâte lisse en ajoutant le colorant alimentaire, et teinter la pâte en jaune vif.

2 Mettre la pâte dans le moule, lisser la surface et faire cuire à mi-hauteur du four pendant 30 minutes. Après la cuisson, laisser reposer un peu avant de démouler, puis laisser complètement refroidir sur une grille. Couper le gâteau en tranches d'environ 1,5 cm d'épaisseur, puis les placer pendant 30 minutes au réfrigérateur pour que la pâte durcisse et se découpe plus facilement.

3 Pendant ce temps, préparer la pâte verte. Beurrer un moule à cake (d'une contenance de 1 l environ) et le saupoudrer de farine. Battre en mousse le beurre avec le sucre et 1 pincée de sel. Incorporer les œufs un à un. Mélanger la farine, la levure et les pistaches hachées, puis tamiser sur la pâte. Remuer le tout pour obtenir une pâte lisse en ajoutant le colorant alimentaire, et teinter la pâte en vert.

4 Mettre la pâte dans le moule, lisser la surface et faire cuire à mi-hauteur du four pendant 35 à 40 minutes. Après la cuisson, laisser reposer un peu avant de démouler, puis laisser complètement refroidir sur une grille. Couper le gâteau en tranches d'environ 1,5 cm d'épaisseur, puis les placer également pendant 30 minutes au réfrigérateur.

5 Préparer la pâte bleue de la même manière que la pâte verte, en remplaçant les pistaches par la poudre d'amandes. Dans la pâte jaune, découper une douzaine d'anges à l'aide de petits emporte-pièce (de 3 cm environ). Dans la pâte verte, découper une vingtaine de sapins d'environ 5 cm, à l'aide d'un emporte-pièce (image 1).

6 Beurrer un moule à bord haut (24 cm Ø) et le saupoudrer de farine. Verser la moitié de la pâte bleue dans le moule. Placer les sapins serrés l'un derrière l'autre sur le bord extérieur de la pâte bleue, afin d'obtenir une rangée continue. Presser légèrement. Disposer les anges de la même manière en forme de cercle au centre du moule (image 2). Répartir le reste de pâte bleue pour que les motifs soient complètement recouverts de pâte (image 3). Lisser la surface du gâteau et cuire à mi-hauteur du four pendant 40 minutes à 180 °C (th. 6). Après la cuisson, laisser reposer un peu avant de démouler, puis laisser complètement refroidir sur une grille.

7 Pour la décoration, battre le beurre en mousse. Ajouter progressivement 35 g de sucre glace et l'arôme de vanille. Recouvrir le gâteau de cette préparation. Bien malaxer le fondant, puis l'étaler le plus finement possible. Poser le fondant sur le gâteau et le lisser du milieu du gâteau vers le bord. Presser légèrement. Couper le fondant superflu au bas du gâteau. Battre le blanc d'œuf en neige avec le reste de sucre glace et le colorant alimentaire doré. Mettre une partie de la préparation dans une poche à douille munie d'un embout à petit trou, et faire de petits points sur le gâteau. Mettre le reste de la préparation dans une poche à douille munie d'un embout en étoile et décorer le bas du gâteau.

Astuce

Pour que le fondant adhère à la surface du gâteau, on enduit d'abord celui-ci avec une crème faite à partir d'un mélange de beurre et de sucre glace. Vous pouvez aussi utiliser comme fond du glaçage à l'abricot ou au sucre. Mais une masse crémeuse a pour avantage d'égaliser les irrégularités éventuelles, comme des bosses ou des creux.

1

2

3

Pour 10 parts

Pour la pâte

8 blancs d'œufs

Sel

350 g de sucre

350 g de beurre à température ambiante

1 œuf

450 g de farine

1 sachet de levure chimique

100 ml de crème fraîche

300 ml de lait

Colorant alimentaire jaune

Pour la crème

400 g de beurre à température ambiante

250 g de sucre glace

50 ml de crème fraîche

1 c.c. de zeste d'un citron non traité

2 c.s. de limoncello

Colorant alimentaire jaune

En plus

Beurre et farine pour les moules

Perles en sucre blanches pour décorer

Temps de préparation

env. 1 heure

(Temps de cuisson
et de refroidissement en sus)

Soleil *sucré*

Mauvais temps ? Tristes pensées ? Ce gâteau est alors idéal ! Avec son éclatant jaune soleil et son goût délicieux, il active les hormones du bonheur et met de bonne humeur.

1 Préchauffer le four à 180 °C (th. 6). Graisser deux moules à bord amovible (20 cm Ø) et les saupoudrer de farine. Pour la pâte, battre les blancs d'œufs en neige avec une pincée de sel et 100 g de sucre. Réserver au frais. Battre le beurre en mousse avec le sucre restant pendant 10 minutes. Ajouter l'œuf. Mélanger la farine avec la levure chimique et tamiser dans un bol. Mélanger la crème fraîche avec le lait et ajouter dans la pâte en alternant avec le mélange de farine. Pour finir, incorporer les blancs en neige.

2 Partager la pâte en 4 parts. Teinter une partie avec du colorant alimentaire jaune tendre, une partie en jaune clair et la troisième en jaune profond (image 1). La quatrième partie reste blanche. Mettre la pâte blanche et la pâte jaune tendre chacune dans un moule et lisser la surface. Cuire à mi-hauteur du four pendant 25 minutes. Après la cuisson, laisser reposer un peu avant de démouler, puis laisser complètement refroidir sur une grille.

3 Laver les moules, les sécher, les graisser à nouveau et les saupoudrer de farine. Mettre les deux pâtes restantes chacune dans un moule, lisser la surface et cuire à mi-hauteur du four pendant 25 minutes. Après la cuisson, laisser reposer un peu avant de démouler, puis laisser complètement refroidir sur une grille.

4 Pour la crème, battre le beurre en mousse pendant 10 minutes. Incorporer le sucre glace cuillerée par cuillerée. Battre la crème fraîche en chantilly et mélanger avec le zeste de citron et le limoncello, en ajoutant suffisamment de colorant alimentaire jaune pour que la crème prenne une teinte jaune tendre.

5 Découper avec précaution les surfaces brunies des quatre génoises. Enduire légèrement de crème la génoise blanche. Poser dessus la génoise jaune tendre, presser légèrement et enduire d'une couche de crème (image 2). Procéder de la même façon avec les deux autres génoises.

6 Recouvrir toute la surface du gâteau de crème (image 3). Mettre la crème restante dans une poche à douille munie d'un embout en étoile et décorer le dessus du gâteau. Ajouter quelques perles en sucre.

Astuce

Si l'extérieur est trop sobre pour vous, partagez la crème en plusieurs parties et teintez celles-ci également dans des tons jaunes d'intensités différentes. Badigeonner alors les crèmes autour du gâteau de sorte qu'elles fassent un dégradé de couleur !

1

2

3

Kouglof domino

1 Préchauffer le four à 175 °C (th. 5-6). Beurrer un moule à kouglof (d'une contenance de 2 l environ) et le saupoudrer de farine. Couper les dominos en deux ou en quatre.

2 Battre le beurre en mousse avec le sucre et le nougat. Incorporer progressivement les œufs et le jaune d'œuf. Ajouter la crème fraîche et verser la liqueur d'œufs en mince filet. Bien mélanger. Mélanger la farine, la fécule, la levure chimique et la cannelle, puis tamiser sur la pâte. Mélanger la préparation, jusqu'à obtenir une pâte lisse. Incorporer les dominos.

3 Mettre la pâte dans le moule, lisser la surface et cuire à mi-hauteur du four pendant 1 heure. Après avoir vérifié la cuisson, sortir le gâteau du four. Après la cuisson, laisser reposer un peu avant de démouler, puis laisser complètement refroidir sur une grille. Saupoudrer de sucre glace.

Pour 16 parts

Pour la pâte

200 g de dominos en chocolat
300 g de beurre à température ambiante
250 g de sucre
125 g de nougat
5 œufs
1 jaune d'œuf
125 ml de liqueur d'œufs
80 ml de crème fraîche
300 g de farine
100 g de fécule
1 c.s. de levure chimique
1 pincée de cannelle

En plus

Beurre et farine pour le moule
Sucre glace pour saupoudrer

Temps de préparation

env. 25 minutes
(Temps de cuisson et de refroidissement en sus)

Pour 8 parts

Pour les boules colorées

100 g de beurre
100 g de sucre
1 sachet de sucre vanillé
Sel
2 œufs
100 g de farine
1 pointe de levure chimique
Colorants alimentaires rouge, jaune et vert

Pour la pâte

5 œufs
200 g de sucre
250 ml de liqueur d'œufs
250 ml d'huile de tournesol
300 g de farine
1 sachet de levure chimique

Pour la décoration

400 g de fromage frais
100 g de beurre ramolli
200 g de sucre glace
1 c.c. d'extrait de vanille
Colorant alimentaire rose
Confettis en sucre colorés
Sucre glace pour saupoudrer

En plus

Huile et beurre pour graisser

Temps de préparation

env. 1 heure
(Temps de cuisson et de refroidissement en sus)

Gâteau coloré à pois

Les pois sont très tendance ! Nous apportons ce style jusqu'à la table du goûter : vos amis vont adorer ce gâteau !

1 Pour la réalisation des boules, faire chauffer un appareil à cake pops et le huiler légèrement. Battre le beurre en mousse pendant 10 minutes avec le sucre, le sucre vanillé et 1 pincée de sel. Incorporer les œufs un à un. Mélanger la farine et la levure chimique, puis tamiser sur la pâte. Mélanger la préparation pour obtenir une pâte lisse.

2 Diviser la pâte en trois parts. Teinter un tiers de pâte avec du colorant alimentaire rouge, les deux autres tiers en jaune et en vert. Répartir les pâtes dans les creux de l'appareil à cake pops. Fermer l'appareil et cuire les cake pops pendant 8 minutes. Les retirer et laisser complètement refroidir.

3 Préchauffer le four à 175 °C (th. 5-6). Beurrer légèrement un moule à haut bord amovible (20 cm Ø). Pour la pâte, battre les œufs en mousse épaisse avec le sucre pendant 10 minutes. Mélanger la liqueur d'œufs et l'huile, et verser délicatement cette préparation dans le mélange œufs-sucre. Mélanger la farine et la levure, et tamiser sur la pâte.

4 Mettre la moitié de la pâte dans le moule à bord amovible. Répartir 8 boules colorées sur la pâte en alternant les couleurs, et presser légèrement (image 1). Réserver le reste de boules colorées pour la décoration. Répartir le reste de pâte sur le dessus (image 2). Cuire le gâteau à mi-hauteur du four pendant 55 minutes. Après la cuisson, laisser reposer un peu avant de démouler, puis laisser complètement refroidir sur une grille.

5 Pendant ce temps, préparer la crème pour la décoration. Mélanger le fromage frais et le beurre pour obtenir une préparation homogène. Tamiser le sucre glace et l'incorporer progressivement. Aromatiser avec l'extrait de vanille et teinter avec le colorant alimentaire rose.

6 Recouvrir toute la surface de gâteau à l'aide de cette préparation (image 3). Mettre la crème restante dans une poche à douille et décorer le dessus du gâteau. Garnir le gâteau avec des confettis en sucre et les boules colorées réservées. Servir saupoudré de sucre glace.

Astuce

Si vous n'obtenez pas assez de boules colorées, doublez la quantité d'ingrédients et faites cuire directement deux gâteaux comme indiqué dans la recette et laissez-les refroidir. Badigeonner ensuite la surface d'un gâteau avec un peu de crème au fromage frais (rectifier éventuellement la surface si elle s'est bombée à la cuisson) et posez l'autre gâteau dessus. Vous obtenez ainsi deux niveaux de boules !

1

2

3

Gâteau Mondrian

Mettez de l'art sur votre table ! Cette composition en rouge, bleu et jaune ne plaira certainement pas seulement aux fans de l'artiste néerlandais.

1 Préchauffer le four à 180 °C (th. 6). La chaleur tournante n'est pas conseillée pour cette recette. Beurrer 2 moules à cake (d'une contenance de 2 l chacun) et les revêtir de papier de cuisson.

2 Pour les pâtes blanche et rouge, faire fondre le beurre dans une casserole et laisser tiédir. Battre les blancs d'œufs en neige avec une pincée de sel et le sucre. Mélanger la farine avec la levure chimique et tamiser sur les œufs en neige. Ajouter le beurre tiède. Mélanger la préparation à l'aide d'une spatule.

3 Verser la moitié de la pâte dans un moule et lisser la surface. Dans la seconde moitié, mélanger le colorant alimentaire et teinter la pâte en rouge vif. Répartir la pâte dans le second moule. Cuire les deux gâteaux à mi-hauteur du four pendant 30 minutes, puis les retourner sur une grille et laisser refroidir.

Pour 15 parts

Pour les pâtes blanche et rouge

200 g de beurre
8 blancs d'œufs
Sel
300 g de sucre
200 g de farine
1 c.c. de levure chimique
Colorant alimentaire rouge

Pour les pâtes bleue et jaune

6 œufs
Sel
225 g de sucre
350 g de beurre
2 sachets de sucre vanillé
300 g de farine
2 c.c. de levure chimique
50 g de noix de coco râpée
4 c.s. de lait
Colorant alimentaire bleu et jaune

Pour le glaçage

450 g de chocolat de couverture noir
120 ml de crème fraîche
2 c.s. de beurre
Colorant alimentaire noir

En plus

Beurre pour les moules

Temps de préparation
env. 1 h 30
(Temps de cuisson
et de refroidissement en sus)

4 Laver les moules, bien les sécher, les graisser à nouveau et les revêtir de papier de cuisson. Pour les pâtes jaune et bleue, séparer les blancs des jaunes d'œufs et battre les blancs en neige avec 1 pincée de sel et 75 g de sucre. Réserver au frais. Faire mousser le beurre avec le sucre restant et le sucre vanillé. Incorporer progressivement les jaunes d'œufs. Mélanger la farine et la levure, et les tamiser sur la pâte. Moudre finement la noix de coco râpée et ajouter à la préparation. Verser le lait en mélangeant bien pour obtenir une préparation lisse. Pour finir, incorporer les blancs en neige.

5 Répartir la pâte dans 2 bols. Teinter une pâte avec du colorant alimentaire bleu, et l'autre avec du jaune. Mettre chaque pâte dans un moule, lisser la surface et cuire à mi-hauteur du four pendant 35 minutes. Laisser brièvement reposer dans le moule, puis laisser refroidir complètement sur une grille.

6 Pour le glaçage, hacher le chocolat de couverture et faire fondre au bain-marie avec 12 cuillerées à soupe d'eau. Incorporer la crème fraîche puis retirer le mélange du feu et ajouter le beurre. Teinter cette préparation en noir avec du colorant alimentaire.

7 Égaliser la surface des 4 génoises pour que tous les bords soient bien perpendiculaires. Couper les gâteaux blanc, jaune et bleu dans la longueur en deux portions, l'une de deux tiers et l'autre d'un tiers (image 1). Laisser le gâteau rouge entier et enduire généreusement le dessus de glaçage. Poser sur le gâteau rouge un petit morceau de gâteau bleu et un grand morceau de gâteau blanc, en les assemblant avec du glaçage. Recouvrir à nouveau le dessus de glaçage (image 2). Répéter l'opération avec un petit morceau de gâteau blanc et un grand morceau gâteau jaune. Pour finir, recouvrir le tout avec le glaçage restant (image 3). Laisser refroidir.

Astuce

Pour que la pâte blanche soit vraiment d'un blanc rayonnant et ne jaunisse pas, elle est préparée sans jaune d'œuf !

1

2

3

Cupcakes noir et blanc

Pour 12 parts

Pour la pâte blanche
4 blancs d'œufs, sel
120 g de sucre glace
50 g de farine
½ c.c. de levure chimique
1 c.c. de jus de citron
1 pointe de zeste d'un citron non traité

Pour la pâte noire
150 g de beurre ramolli
125 g de sucre
3 œufs
125 g de farine
1 c.c. de levure chimique
20 g de cacao en poudre
Colorant alimentaire noir

Pour le topping
250 g de chocolat blanc
250 g de fromage frais double crème
75 g de beurre

Pour la décoration
Copeaux de chocolat blanc
Cacao en poudre

En plus
Huile pour les moules

Temps de préparation
env. 1 heure
(Temps de cuisson
et de refroidissement en sus)

1 Faire chauffer un appareil à cake pops et le huiler légèrement. Pour la pâte blanche, battre les blancs d'œufs en neige avec 1 pincée de sel et 80 g de sucre glace. Mélanger la farine, la levure chimique et le sucre glace restant, et tamiser sur les blancs en neige. Mélanger le tout avec le jus et le zeste de citron.

2 Répartir la pâte dans les creux de l'appareil à cake pops et les cuire pendant 5 à 8 minutes (selon l'appareil). Laisser refroidir.

3 Pour la pâte noire, battre le beurre en mousse avec le sucre. Incorporer les œufs un à un. Mélanger la farine avec la levure chimique et le cacao en poudre, et tamiser sur la préparation précédente. Mélanger le tout avec le colorant alimentaire noir pour obtenir un mélange lisse.

4 Poser des moules en papier blanc sur une plaque à muffins. Verser un peu de pâte noire dans chaque moule, et disposer dessus un cake pop blanc. Recouvrir entièrement avec de la pâte noire. Faire cuire les cupcakes à mi-hauteur du four pendant 20 minutes. Les sortir du four et laisser complètement refroidir.

5 Pour le topping, hacher le chocolat blanc et faire fondre au bain-marie en remuant. Retirer ensuite du bain-marie. Battre le fromage frais avec le beurre, puis mélanger 1 cuillerée à soupe de cette préparation au chocolat fondu. Incorporer ensuite progressivement le reste. Réserver le topping au frais pendant 30 minutes.

6 Mettre cette préparation dans une poche à douille et décorer les cupcakes. Garnir les cupcakes avec des copeaux de chocolat blanc et servir saupoudré de cacao en poudre.

Gâteau chocolat et glace

Ce gâteau surprend doublement : la délicieuse pâte au chocolat enrobe une garniture glacée à la fraise. Le tout est magnifiquement enveloppé dans une meringue onctueuse !

Pour 12 parts

Pour la génoise
125 g de chocolat noir
80 g de beurre
7 œufs
Sel
150 g de sucre
160 g de farine

Pour la pâte brisée
150 g de farine
100 g de beurre froid
50 g de sucre
1 pincée de sel
1 jaune d'œuf
1 c.s. de cacao en poudre

Pour la meringue
6 blancs d'œufs
Sel
100 g de sucre

En plus
Beurre pour le moule
Légumes secs pour cuire à blanc
Crème de nougat aux noisettes pour badigeonner
1 l de glace à la fraise

Temps de préparation
env. 50 minutes
(Temps de cuisson, de refroidissement et de congélation en sus)

1 Préchauffer le four à 180 °C (th. 6). La chaleur tournante n'est pas adaptée pour cette recette. Graisser le fond d'un moule à bord amovible (24 cm Ø). Pour la génoise, hacher le chocolat noir. Faire fondre avec le beurre dans une casserole, puis retirer du feu et laisser tiédir.

2 Casser les œufs. Battre les blancs en neige avec une pincée de sel et 75 g de sucre. Réserver au frais. Battre les jaunes d'œufs en mousse épaisse avec le sucre restant. Tamiser la farine sur cette préparation. Ajouter le chocolat fondu. Incorporer un tiers des blancs en neige. Mélanger l'ensemble, puis incorporer les blancs en neige restants.

3 Mettre la pâte dans le moule et cuire à mi-hauteur du four pendant 35 minutes. Sortir le gâteau et le démouler avec précaution. Laisser complètement refroidir sur une grille.

4 Pendant ce temps, préparer la pâte brisée. Tamiser la farine dans un bol. Ajouter le beurre en flocons, le sucre, le sel, le jaune d'œuf et le cacao en poudre. Malaxer rapidement le tout pour obtenir une pâte homogène. Former une boule, l'envelopper dans du film alimentaire et laisser reposer pendant 30 minutes au réfrigérateur.

5 Laver le moule à bord amovible, bien le sécher et graisser le fond. Abaisser finement la pâte brisée entre 2 feuilles de papier de cuisson à la taille du moule et la déposer sur le fond du moule. Piquer la pâte plusieurs fois à l'aide d'une fourchette, recouvrir de papier de cuisson et garnir de légumes secs. Cuire au four à blanc pendant 15 minutes, puis retirer le papier de cuisson et les légumes secs. Cuire la pâte pendant encore 5 minutes. Sortir du four et laisser complètement refroidir.

6 Couper un couvercle de 1 cm d'épaisseur sur le dessus de la génoise. Dans l'autre moitié de génoise, découper un cercle de manière à garder une bordure de 2 cm de large (image 1).

7 Enduire le fond de pâte brisée avec la crème de nougat aux noisettes. Poser dessus la génoise le cercle de génoise (image 2). Presser légèrement. Répartir la glace à la fraise légèrement décongelée dans le creux jusqu'à ce que celui-ci soit complètement rempli (image 3). Poser le couvercle de génoise dessus et presser légèrement. Mettre le gâteau pendant 40 minutes au congélateur.

8 Pour la meringue, préchauffer le four à 225 °C (th. 7-8). Battre les blancs en neige avec une pincée de sel et le sucre. Répartir la préparation sur le gâteau et cuire au four pendant 5 minutes jusqu'à ce que des pointes légèrement dorées apparaissent. Servir aussitôt.

Astuce

Ce gâteau est aussi un régal avec d'autres parfums de glace. Prenez celui que vous préférez ! Pour produire un effet particulier, utilisez de la stracciatella.

1

2

3

Pour 10 parts

Pour la pâte

350 g de beurre à température ambiante

325 g de sucre

2 sachets de sucre vanillé

Sel

7 œufs

350 g de farine

1 sachet de levure chimique

Zeste d'un citron non traité

Lait, si besoin

Pour la garniture

Pastilles en chocolat colorées

Pour la décoration

350 g de fondant jaune en rouleau

Fondants vert, rose et blanc en rouleaux

En plus

Beurre et farine pour les moules

150 g de gelée de groseille

1 blanc d'œuf

Bougies d'anniversaire

Temps de préparation

env. 40 minutes

(Temps de cuisson et de refroidissement en sus)

Spécial fête

1 Préchauffer le four à 180 °C (th. 6). Beurrer deux moules à bord amovible (18 cm Ø) et les saupoudrer de farine. Battre en mousse le beurre avec le sucre, le sucre vanillé et 1 pincée de sel. Incorporer les œufs un à un. Mélanger la farine avec la levure chimique, et tamiser sur la pâte. Mélanger avec le zeste de citron et un peu de lait si la pâte est trop épaisse. Répartir une moitié de pâte dans chaque moule. Cuire à mi-hauteur du four pendant 50 minutes. Vers la fin de la cuisson, recouvrir, mais sans serrer, avec de l'aluminium. Sortir les gâteaux, laisser brièvement reposer dans le moule, puis détacher du moule et laisser complètement refroidir sur une grille. Mettre les gâteaux au réfrigérateur pendant 30 minutes.

2 Égaliser la surface des gâteaux. Couper horizontalement en deux l'un des gâteaux : ces deux moitiés servent de fond et de couvercle. Dans le second gâteau, découper un grand trou de manière à ce qu'il reste une bordure de 2 cm de large. Réchauffer la gelée de groseille. Déposer l'une des moitiés de gâteau sur un plat à tarte. Badigeonner de gelée le dessous du gâteau découpé, et le poser sur le fond du gâteau en pressant légèrement. Remplir le creux de pastilles en chocolat et ajouter le couvercle en le scellant à l'aide de gelée de groseille. Presser légèrement.

3 Malaxer avec soin le fondant jaune, puis l'étaler le plus finement possible. Placer le fondant sur le gâteau et le lisser du milieu vers le bord. Presser légèrement. Couper le fondant superflu en bas du gâteau. Étaler finement les fondants vert, rose et blanc et découper des cœurs à l'aide d'un emporte-pièce. Fixer les cœurs sur toute la surface du gâteau à l'aide du blanc d'œuf battu. Disposer des bougies d'anniversaire.

Rêve de *framboise*

Pour ce gâteau, on n'a pas besoin de lunettes psychédéliques : on flotte déjà sur des petits nuages roses ! La garniture offre un vrai raffinement, entourée de pâte moelleuse. Très chic !

1 Préchauffer le four à 180 °C (th. 6). Beurrer un moule à bord amovible (26 cm Ø) et le revêtir de papier de cuisson.

2 Pour la pâte, battre le beurre en mousse avec le sucre pendant 10 minutes. Incorporer les œufs un à un. Mélanger la farine avec la levure chimique et tamiser sur le mélange précédent. Ajouter les amandes moulues, puis mélanger la préparation en ajoutant le zeste et le jus de citron. Ajouter du colorant alimentaire jusqu'à ce que la pâte ait une belle couleur rose.

3 Verser la pâte dans le moule, lisser le dessus et cuire à mi-hauteur du four pendant 1 heure et, vers la fin de la cuisson, recouvrir le gâteau d'aluminium. Retirer le gâteau du four, le piquer plusieurs fois encore chaud avec la pointe d'un couteau et arroser de sirop de framboise. Laisser refroidir le gâteau dans le moule sur une grille.

Pour 16 parts

Pour la pâte

250 g de beurre à température ambiante
275 g de sucre
8 œufs
250 g de farine
2 c.c. de levure chimique
350 g d'amandes moulues
Zeste et jus de 4 citrons non traités
Colorant alimentaire rouge

Pour imbiber

50 ml de sirop de framboise

Pour la garniture

250 g de framboises
5 feuilles de gélatine
200 ml de crème fraîche
250 g de fromage blanc maigre
1 c.c. de jus de citron
2 sachets de sucre vanillé
2 c.s. de sirop de framboise
Colorant alimentaire rouge

Pour la décoration

150 g d'amandes effilées
400 ml de crème fraîche
1 sachet de sucre vanillé
Framboises pour décorer
Sucre glace pour saupoudrer

En plus

Beurre pour le moule
4 c.s. de gelée de framboise pour badigeonner

Temps de préparation

env. 1 heure

(Temps de cuisson
et de refroidissement
en sus)

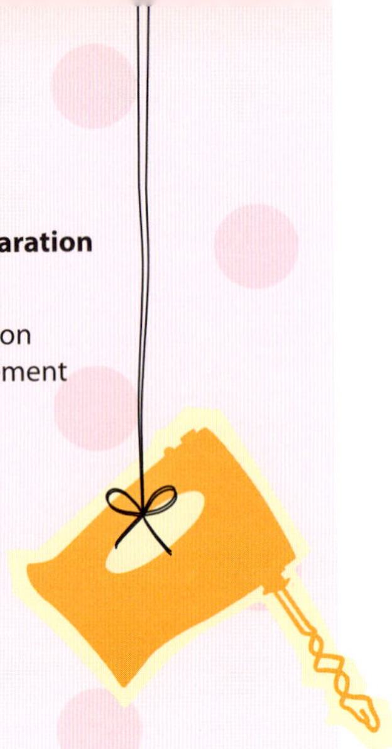

4 Pour la garniture, laver les framboises et les sécher avec précaution. Mettre la gélatine à ramollir dans de l'eau froide, en suivant les indications du paquet. Monter la crème fraîche en chantilly. Mélanger le fromage blanc avec le jus de citron et le sucre vanillé. Essorer la gélatine et la faire chauffer avec le sirop de framboise jusqu'à ce qu'elle soit dissoute. Retirer du feu et incorporer 3 cuillerées à soupe de la préparation à base de fromage blanc. Mélanger bien, en ajoutant le reste de fromage blanc. Ajouter la crème chantilly. Verser quelques gouttes de colorant rouge jusqu'à obtenir une belle teinte rose. Ajouter les framboises.

5 Démouler doucement le gâteau. Découper horizontalement deux tranches de 1 à 2 cm d'épaisseur (image 1) pour le fond et le couvercle du gâteau. Dans la génoise restante, découper un grand cercle pour qu'il reste un bord de 2 à 3 cm de large (image 2).

6 Déposer le fond du gâteau sur un plat à tarte. Réchauffer la gelée de framboise. Assembler le fond et le cercle de pâte à l'aide de la gelée de framboise. Presser légèrement sur le bord. Mettre la crème à la framboise dans le creux du gâteau et lisser (image 3). Enduire le bord du gâteau avec le reste de gelée de framboise. Poser le couvercle de pâte sur le gâteau et appuyer légèrement. Mettre le gâteau au réfrigérateur pendant au moins 3 heures.

7 Pour la décoration, faire dorer les amandes effilées dans une poêle sans matière grasse, et laisser refroidir. Battre la crème en chantilly avec le sucre vanillé et en badigeonner toute la surface du gâteau. Décorer le tour du gâteau avec les amandes grillées. Garnir le dessus de framboises. Servir saupoudré de sucre glace.

1

2

3

Gâteau d'anniversaire

Grands ou petits, chacun se réjouira à coup sûr de ce gâteau ! Pour les plus de cent ans toutefois, il risquerait de manquer un peu de place dans la pâte…

Pour 16 parts

Pour la pâte bleue

40 g de pâte d'amande
200 ml de lait
300 g de beurre à température ambiante
300 g de sucre
Sel
5 œufs
300 g de farine
2 c.c. de levure chimique
100 g de poudre d'amandes
Colorant alimentaire bleu

Pour la pâte claire

40 g de pâte d'amande
200 ml de lait
300 g de beurre à température ambiante
300 g de sucre
Sel
5 œufs
300 g de farine
2 c.c. de levure chimique
100 g de poudre d'amandes

En plus

Beurre et farine pour les moules
Sucre glace pour saupoudrer

Temps de préparation

env. 1 heure
(Temps de cuisson et de refroidissement en sus)

1 Préchauffer le four à 180 °C (th. 6). Beurrer un moule à cake (env. 30 cm Ø) et saupoudrer de farine. Pour la pâte bleue, hacher la pâte d'amande et l'écraser avec le lait pour obtenir une pâte lisse. Battre en mousse le beurre avec le sucre et 1 pincée de sel pendant 10 minutes. Ajouter les œufs un à un. Mélanger la farine avec la levure chimique, et tamiser le mélange sur la pâte. Ajouter la poudre d'amandes. Verser le mélange lait-pâte d'amande sur cette préparation et battre le tout pour obtenir une pâte bien lisse. Teinter la pâte avec du colorant alimentaire bleu.

2 Verser la pâte dans le moule, lisser la surface et cuire à mi-hauteur du four pendant 50 minutes. Après la cuisson, laisser reposer 10 minutes avant de démouler, puis laisser complètement refroidir sur une grille.

3 Couper le gâteau en tranches de 1,5 cm d'épaisseur, puis les placer pendant 30 minutes au réfrigérateur pour que la pâte soit plus ferme et se découpe facilement.

Astuce

Pour des anniversaires à plusieurs chiffres, choisissez des emporte-pièce plus petits ou faites cuire le gâteau dans un moule à cake comme celui utilisé pour le gâteau porte-bonheur de la page 13. Vous pouvez aussi cuire la pâte bleue dans un moule à kouglof (d'env. 2 l) : comme les tranches ne sont pas bien droites, le découpage est un peu plus difficile, mais les motifs s'alignent complètement.

4 Pendant ce temps, préparer la pâte claire. Hacher la pâte d'amande et l'écraser avec le lait pour qu'elle soit lisse. Battre le beurre en mousse pendant 10 minutes avec le sucre et 1 pincée de sel. Ajouter les œufs un à un. Mélanger la farine avec la levure chimique et tamiser le mélange sur la pâte. Incorporer la poudre d'amandes. Verser le lait à la pâte d'amande sur cette préparation et battre le tout pour obtenir un mélange bien lisse.

5 Préchauffer le four à 170 °C (th. 5-6). Beurrer un moule à kouglof (d'une contenance de 2 l environ) et saupoudrer de farine. Dans la pâte bleue, découper à l'aide d'un emporte-pièce 20 à 24 fois le chiffre voulu, c'est-à-dire l'âge de celui dont on célèbre l'anniversaire (image 1).

6 Mettre un peu de pâte claire dans le moule (image 2). Disposer dessus les chiffres serrés l'un derrière l'autre pour réaliser une rangée continue (image 3), en pressant légèrement la pâte. Attention : selon les chiffres, il faut les placer à l'envers pour qu'ils aient une position correcte une fois le gâteau retourné. Verser la pâte restante de sorte qu'elle recouvre complètement les chiffres.

7 Lisser la pâte et cuire à mi-hauteur du four pendant 50 minutes. Après la cuisson, laisser reposer un peu avant de démouler, puis laisser complètement refroidir sur une grille. Saupoudrer le gâteau de sucre glace et décorer de bougies d'anniversaire.

1

2

3

Cœur *fondant*

Ce gâteau n'est pas fait pour les timides ! Une fois entamé, une flaque d'un rouge profond inonde l'assiette, mais pas de panique : elle s'agit d'un délicieux coulis de fruits rouges. Le gâteau parfait qui donne des frissons pour la prochaine fête d'Halloween.

1 Préchauffer le four à 200 °C (th. 6-7). Beurrer un moule à bord amovible (26 cm Ø). Séparer les blancs des jaunes d'œufs. Monter les blancs en neige ferme avec une pincée de sel. Réserver au frais. Battre le beurre en mousse avec le sucre. Incorporer les jaunes d'œufs un à un. Mélanger la farine avec la levure chimique, tamiser sur la préparation précédente et mélanger. Introduire les blancs en neige en 2 fois.

2 Verser la pâte dans le moule, lisser la surface et cuire à mi-hauteur du four pendant 1 heure. Sortir le gâteau et le détacher du moule avec précaution. Selon le goût, le piquer plusieurs fois encore chaud avec la pointe d'un couteau et verser du kirsch dessus. Laisser complètement refroidir sur une grille.

Pour 16 parts

Pour la pâte

6 œufs
Sel
400 g de beurre à température ambiante
400 g de sucre
400 g de farine
1 c.s. de levure chimique

Pour la garniture

200 g de chocolat de couverture blanc
250 g de coulis de fruits rouges prêt à l'emploi

Pour la décoration

200 g de gelée de framboises
300 ml de crème fraîche
1 sachet de sucre vanillé
Dragées argentées au chocolat
Perles en sucre rose

En plus

Beurre pour le moule
Kirsch (facultatif)

Temps de préparation

env. 80 minutes
(Temps de cuisson et de refroidissement en sus)

Astuce

Vous pouvez aussi très facilement faire la purée de fruits rouges vous-même ! Pour cela, porter à ébullition 100 g de cerises dénoyautées et 60 g de groseilles rouges dans 150 ml d'eau. Faire ramollir dans une casserole avec le couvercle fermé et à feu doux pendant 10 minutes. Verser dans une passoire fine, écraser les baies et récupérer le jus. Mettre le jus dans la casserole avec 75 g de framboises et 30 g de sucre, et porter une fois à ébullition. Mélanger 12 g de fécule avec 30 ml de vin rouge (ou de jus de cerise), incorporer rapidement dans le jus bouillant. Faire bouillir encore une fois puis verser la purée dans un bol. Laisser refroidir, et mettre au réfrigérateur pendant au moins 2 heures.

3 Avec un long couteau cranté, découper dans le haut et le bas du gâteau des fonds de pâte de 2 cm d'épaisseur. Dans la partie centrale plus épaisse, découper un cercle à l'aide d'un petit bol pour qu'il reste un large bord de pâte (image 1).

4 Poser le fond de pâte sur un plat à tarte et placer le cercle de pâte par-dessus. Hacher le chocolat blanc et le faire fondre au bain-marie. Appliquer dans le creux une couche épaisse de chocolat (image 2). Laisser durcir.

5 Verser sur le chocolat le coulis de fruits rouges, jusqu'à ce que le creux soit complètement rempli. Poser le couvercle de pâte par-dessus (image 3).

6 Pour la décoration, réchauffer la gelée de framboises jusqu'à ce qu'elle soit fluide et en badigeonner tout le tour du gâteau. Laisser sécher. Monter la crème fraîche en chantilly avec le sucre vanillé et étaler sur toute la surface du gâteau. Décorer le gâteau de dragées en chocolat et de perles en sucre.

1

2

3

Note d'amour *sucrée*

Joyeuse Saint-Valentin : le jour des amoureux, ce gâteau en dit bien plus que des mots. En plus, il est incroyablement délicieux. Et c'est bien connu, l'amour passe aussi par l'estomac !

Pour 15 parts

Pour la pâte rouge

230 g de beurre à température ambiante
230 g de sucre
4 œufs
230 g de farine
3 c.s. de levure chimique
Colorant alimentaire rouge

Pour la pâte claire

350 g de beurre à température ambiante
200 g de sucre
Graines d'une gousse de vanille
6 œufs
300 g de farine
100 g de poudre d'amandes
4 c.c. de levure chimique
4 c.s. de limonade

Pour la décoration

100 g de beurre à température ambiante
75 g de sucre glace
25 g de fromage frais à température ambiante
Cacao en poudre pour saupoudrer
Cœurs en sucre

En plus

Beurre pour le moule

Temps de préparation

env. 80 minutes
(Temps de cuisson et de refroidissement en sus)

1 Préchauffer le four à 180 °C (th. 6). Beurrer un moule à cake (d'une contenance de 2 l) et le revêtir de papier de cuisson. Pour la pâte rouge, battre le beurre en mousse avec le sucre pendant 10 minutes. Incorporer les œufs un à un. Mélanger la farine avec la levure chimique et tamiser sur le mélange précédent. Mélanger l'ensemble, en ajoutant suffisamment de colorant alimentaire rouge pour que la pâte soit d'un rouge soutenu.

2 Verser la pâte dans le moule, lisser la surface et cuire à mi-hauteur du four pendant 35 minutes. Après la cuisson, laisser reposer un peu avant de démouler, puis laisser complètement refroidir sur une grille. Couper le gâteau en tranches de 1 cm d'épaisseur et les placer au réfrigérateur pendant 30 minutes, pour que la pâte durcisse et se découpe facilement.

Valentine!

3 Pendant ce temps, préparer la pâte claire. Rincer le moule, le sécher, le beurrer et le revêtir de papier de cuisson. Préchauffer le four à 170 °C (th. 5). Battre le beurre en mousse avec le sucre pendant 10 minutes. Ajouter les graines de vanille. Incorporer les œufs un à un. Mélanger la farine avec la poudre d'amandes et la levure chimique, puis tamiser sur la préparation précédente. Ajouter la limonade.

4 Dans la pâte rouge, à l'aide d'un emporte-pièce (de 7 cm environ) découper dans chaque tranche un baiser (image 1). Verser la moitié de la pâte claire dans le moule. Placer les baisers serrés l'un derrière l'autre pour obtenir une rangée continue (image 2) en pressant légèrement la pâte. Recouvrir complètement avec le reste de pâte claire (image 3). Lisser la surface et cuire à mi-hauteur du four pendant 55 minutes. Après la cuisson, laisser reposer un peu avant de démouler, puis laisser complètement refroidir sur une grille.

5 Pour la décoration, battre le beurre en mousse. Ajouter progressivement le sucre glace. Puis, ajouter le fromage frais peu à peu. Étaler la crème obtenue sur toute la surface du gâteau. Saupoudrer le gâteau de cacao en poudre et décorer à l'aide de cœurs en sucre.

Astuce

Déco faite soi-même : à la place de cœurs en sucre, vous pouvez aussi décorer le gâteau avec de petits cœurs ou des baisers en pâte d'amande ! Pour cela, malaxer 150 g de pâte d'amande avec 100 g de sucre en poudre et du colorant alimentaire rouge. Étaler la masse sur un plan de travail saupoudré de sucre glace et découper avec de petits emporte-pièce les motifs souhaités.

1

2

3

Pour 12 parts

Pour la pâte brisée
80 g de beurre froid
125 g de farine
1 jaune d'œuf
50 g de sucre
10 g de cacao en poudre
1 pointe de levure chimique

Pour le biscuit
4 œufs
2 jaunes d'œufs
100 g de sucre
90 g de farine
20 g de fécule
20 g de cacao en poudre
½ c.c. de levure chimique

Pour la crème à la framboise
300 g de framboises
8 feuilles de gélatine
250 g de fromage blanc maigre
75 g de sucre
½ c.c. de zeste d'un citron non traité
2 c.c. de jus de citron
250 ml de crème fraîche
1 sachet de fixe chantilly
1 sachet de sucre vanillé

Pour la décoration
400 ml de crème fraîche
2 sachets de fixe chantilly
2 sachets de sucre vanillé
Framboises pour décorer
Sucre glace pour saupoudrer

Gâteau rayé chocolat-framboise

Avec ses rayures raffinées, ce gâteau paraît très mince, au niveau purement visuel du moins ! Mais qui peut être intéressé par les calories avec un délicieux gâteau qui attire ainsi les regards ?

1 Préchauffer le four à 175 °C (th. 5-6). Pour la pâte brisée, couper le beurre en petits morceaux et malaxer rapidement avec tous les autres ingrédients pour obtenir une pâte lisse. Former une boule, l'envelopper dans du film alimentaire et mettre au réfrigérateur pendant 30 minutes.

2 Pendant ce temps, revêtir une plaque creuse de papier de cuisson pour le biscuit. Battre les œufs et les jaunes d'œufs avec 2 cuillerées à soupe d'eau bouillante pendant 5 minutes. Ajouter ensuite le sucre et battre le tout pendant encore 5 minutes. Mélanger la farine, la fécule, le cacao en poudre et la levure, tamiser sur la crème d'œufs et incorporer.

3 Étaler la pâte sur la plaque de cuisson et cuire à mi-hauteur du four pendant 12 minutes. Sortir du four et renverser aussitôt sur un torchon saupoudré de sucre. Arroser le papier cuisson avec de l'eau froide et le retirer avec précaution. Laisser refroidir le gâteau.

En plus

Sucre pour saupoudrer

Légumes secs pour cuire à blanc

6 c.s. de gelée de framboise pour badigeonner

Temps de préparation

env. 1 heure

(Temps de cuisson et de refroidissement en sus)

4 Préchauffer le four à 200 °C (th. 6-7). Revêtir le fond d'un moule à bord amovible (26 cm Ø) de papier de cuisson. Dérouler la pâte brisée entre 2 feuilles de papier de cuisson de la taille du moule. Placer la pâte dans le moule. Recouvrir le fond de papier de cuisson et le lester avec des légumes secs. Cuire à blanc à mi-hauteur du four pendant 12 minutes, puis retirer les légumes et le papier de cuisson, et continuer la cuisson pendant 5 minutes. Sortir du four et laisser refroidir complètement.

5 Pour la crème à la framboise, laver les framboises, les sécher avec précaution et filtrer dans une passoire pour éliminer les pépins. Faire ramollir la gélatine dans l'eau froide en suivant les indications sur l'emballage. Mélanger le fromage blanc maigre avec le sucre, le zeste et le jus de citron. Faire chauffer 2 cuillerées à soupe de pulpe de framboise. Essorer la gélatine et la dissoudre dans la pulpe de framboise en remuant. Retirer du feu et incorporer le reste de pulpe de framboise. Ajouter le fromage blanc. Réserver au réfrigérateur. Quand la préparation commence à durcir, battre la crème fraîche avec le fixe chantilly et le sucre vanillé, et ajouter dans le mélange à base de pulpe de framboise.

6 Faire chauffer la gelée de framboise et enduire le biscuit. Étaler ensuite la crème à la framboise sur le biscuit (image 1). Dans le sens de la longueur, couper le biscuit en bandes de 5 cm de large (image 2). Placer les bandes en spirale sur le fond de pâte brisée, côté crème vers l'intérieur (image 3).

7 Pour la décoration, battre fermement la crème fraîche avec le fixe chantilly et le sucre vanillé, puis badigeonner toute la surface du gâteau. Réserver au réfrigérateur pendant au moins 3 heures. Juste de servir, laver les framboises, les sécher avec soin et en garnir le gâteau. Servir saupoudré de sucre glace.

1

2

3

Gâteau perroquet

Pour 8 parts

Pour la pâte
100 g de beurre
100 g de sucre, 2 petits œufs
120 g de farine
½ c.c. de levure chimique
2 c.s. de lait
2 c.s. de préparation en poudre pour sauce à la vanille
Kirsch, liqueur de Waldmeister
Colorants alimentaires rouge et vert

Pour la décoration
40 g de sucre glace
Perles de sucre colorées

En plus
Beurre pour le moule

Temps de préparation
env. 25 minutes
(Temps de cuisson et de refroidissement en sus)

Astuce
En cuisant, les trois couches de pâte se répartissent en réalisant ce joli motif. Le résultat sera cependant un peu différent à chaque cuisson. Vous pouvez également passer une fourchette en forme de spirale à travers les différentes couches.

1 Préchauffer le four à 180 °C (th. 6). Beurrer un petit moule à cake (de 15 cm de long). Pour la pâte, remuer le beurre pour l'assouplir. Incorporer progressivement le sucre et les œufs. Mélanger la farine avec la levure et tamiser sur le mélange précédent. Incorporer le lait et bien mélanger tous les ingrédients ensemble.

2 Partager la pâte en trois parts. Mélanger une partie de la pâte avec de la poudre pour sauce à la vanille, une deuxième partie avec un peu de kirsch et quelques gouttes de colorant rouge, et le dernier tiers avec un peu de liqueur de Waldmeister et quelques gouttes de colorant vert. Superposer les trois types de pâtes par couche dans le moule, en commençant avec la pâte jaune et en terminant avec la pâte verte. Cuire le gâteau à mi-hauteur du four pendant 40 minutes. Laisser brièvement refroidir dans le moule, puis le sortir et le laisser complètement refroidir.

3 Pour la décoration, mélanger le sucre glace avec un peu d'eau pour obtenir un glaçage lisse et en recouvrir le dessus du gâteau. Répartir les perles de sucre dans le glaçage encore mou et presser légèrement. Laisser durcir avant de déguster.

Pour 12 parts

Pour la pâte
6 œufs
Sel
200 ml de crème fraîche
1 sachet de fixe chantilly
300 g de beurre
250 g de sucre
100 g de chocolat noir râpé
250 g de noisettes hachées
200 g de farine
2 c.c. de levure chimique

Pour la garniture
120 g d'amandes mondées
120 g de sucre glace

Pour la décoration
400 ml de crème fraîche
2 sachets de fixe chantilly
2 sachets de sucre vanillé
Colorant alimentaire rouge
Noisettes hachées pour parsemer

En plus
Beurre pour les moules
6 c.s. de gelée de coing

Temps de préparation
env. 50 minutes
(Temps de cuisson
et de refroidissement en sus)

Croustillant aux amandes

Des amandes grillées qui sentent si bon : qui ne les aime pas ? Mais il y a encore mieux ! Dans ce gâteau surprise, les amandes croustillantes sont enrobées d'une délicate et excellente pâte aux noisettes : un double régal !

1 Préchauffer le four à 175 °C (th. 5-6). Beurrer deux moules à bord amovible (20 cm Ø). Séparer les blancs des jaunes d'œufs. Monter les blancs en neige avec 1 pincée de sel. Réserver au frais. Fouetter la crème en chantilly à l'aide du fixe chantilly. Battre le beurre en mousse avec le sucre. Incorporer les jaunes d'œufs. Mélanger le chocolat râpé avec les noisettes. Mélanger la farine avec la levure chimique et tamiser sur le mélange noisettes-chocolat. Ajouter ce mélange à la préparation beurre-sucre, et ajouter la crème chantilly. Bien mélanger. Incorporer ensuite délicatement les blancs en neige.

2 Répartir la pâte dans les deux moules à bord amovible et cuire à mi-hauteur du four pendant 1 heure. Sortir du four, laisser reposer pendant 10 minutes dans les moules, puis retirer le bord avec précaution et laisser les gâteaux refroidir complètement sur une grille.

3 Pour la garniture, mettre les amandes avec le sucre glace et 75 ml d'eau dans une casserole, et faire chauffer lentement à température moyenne jusqu'à ce que l'eau soit évaporée. Augmenter ensuite la température et continuer à remuer jusqu'à ce que les amandes soient recouvertes d'une épaisse couche brune. Étaler les amandes sur du papier de cuisson de sorte qu'elles ne collent pas les unes aux autres. Laisser refroidir complètement.

4 Égaliser la surface des gâteaux. Couper l'un des gâteaux en deux à l'horizontale (image 1) : ces parties servent de fond et de couvercle. Dans le second gâteau, faire un grand cercle pour qu'il reste une bordure de 2 cm environ (image 2).

5 Faire chauffer la gelée de coing. Poser l'une des moitiés de gâteau sur un plat à tarte. Placer le cercle de génoise dessus, en les scellant à l'aide de gelée de coing. Presser légèrement. Remplir le trou d'amandes grillées et les étaler régulièrement (image 3). Poser la seconde moitié de gâteau à la manière d'un couvercle, en scellant à l'aide de gelée de coing. Appuyer légèrement.

6 Pour la décoration, battre la crème fraîche avec le fixe chantilly et le sucre vanillé, teinter avec du colorant alimentaire rouge et en badigeonner toute la surface du gâteau. Mettre la crème restante dans une poche à douille munie d'un embout en étoile et déposer huit rosettes sur le gâteau. Parsemer de noisettes hachées.

Astuce

Pour des rosettes parfaites, déposez la crème en forme de rosette et retirez la poche à douille d'un coup sec.

1

2

3

Gourmandises salées

Le temps fort du repas

Tout pesto

Pour 16 parts

Pour la pâte
200 ml de lait
1 cube de levure (42 g)
400 g de farine (T55)
½ c.c. de sucre
1 c.c. de sel
175 g de beurre ramolli
2 œufs
2 jaunes d'œufs

Pour la farce au pesto
100 g de basilic
1 c.s. de pignons
1 gousse d'ail
40 g de parmesan
40 ml d'huile d'olive
Sel
Poivre fraîchement moulu
80 g de tomates séchées à l'huile

En plus
Beurre et farine pour le moule
Farine pour le plan de travail

Temps de préparation
env. 40 minutes
(Temps de levage et de cuisson en sus)

1 Faire tiédir la moitié du lait et verser dans un bol. Émietter la levure dedans, ajouter 2 cuillerées à soupe de farine et le sucre, puis remuer le tout. Recouvrir et laisser gonfler pendant 20 minutes.

2 Dans un autre bol, mélanger le reste de farine avec le sel. Faire chauffer légèrement le lait restant et y faire fondre le beurre. Retirer du feu et laisser tiédir. Incorporer les œufs et les jaunes d'œufs à la farine. Ajouter le levain et verser dessus le mélange lait-beurre. Malaxer l'ensemble en une pâte lisse. Laisser lever à couvert dans un endroit chaud pendant 1 heure.

3 Pour la farce, laver le basilic, le sécher et détacher les petites feuilles. Faire dorer les pignons dans une poêle sans matière grasse, puis réserver et laisser refroidir. Mettre avec les feuilles de basilic dans un récipient profond. Éplucher l'ail et le presser dans le récipient. Râper le parmesan et l'ajouter. Réduire le tout en purée en versant l'huile d'olive en filet. Relever le pesto avec du sel et du poivre. Essuyer les tomates séchées et les hacher.

4 Beurrer un moule à kouglof (d'une contenance de 2 l environ) et le saupoudrer de farine. Pétrir vigoureusement la pâte sur un plan de travail fariné, puis l'étaler en rectangle (env. 35 x 45 cm). Badigeonner de pesto, disposer les tomates séchées sur le dessus et enrouler la pâte en partant du côté long. Placer la pâte dans le moule, couvrir et laisser encore lever pendant 30 minutes jusqu'à ce qu'elle ait bien gonflé.

5 Pendant ce temps, préchauffer le four à 200 °C (th. 6-7). Cuire le kouglof à mi-hauteur du four pendant 45 minutes, en baissant la température à 175 °C (th. 5-6) après 10 minutes de cuisson. Sortir le kouglof du four. Laisser brièvement reposer dans le moule, puis le démouler.

Pour 12 parts

Pour la pâte
250 g de courge
Sel
Poivre
2 c.s. d'huile d'olive
250 g de pommes de terre farineuses
1 gros oignon
2 gousses d'ail
100 g de chorizo
6 œufs
175 ml d'huile de tournesol
200 ml de lait
2 c.s. de persil fraîchement haché
½ c.c. de romarin fraîchement haché
4 c.s. de noix hachées
400 g de farine
100 g de fécule
1 sachet de levure chimique
150 g de gruyère râpé
Paprika en poudre

Pour la crème au raifort
400 ml de crème fraîche
2 sachets de fixe chantilly
4 c.s. de raifort fraîchement râpé
1 c.s. de moutarde
Sel
Poivre

Pour la garniture
250 g de cubes de fromage

En plus
Beurre pour les moules
Ciboulette pour parsemer

Gâteau à la courge et au fromage

Ce délicieux gâteau de courge et de pommes de terre, avec du chorizo piquant et une farce raffinée au fromage n'est pas seulement succulent, mais aussi très attrayant. Effet garanti pour un buffet de fête !

1 Préchauffer le four à 180 °C (th. 6). Beurrer deux moules à bord amovible (24 cm Ø). Laver la courge, la nettoyer, l'éplucher et la couper en tranches. Placer les tranches sur une plaque de cuisson, saler, poivrer et arroser avec 1 cuillerée à soupe d'huile d'olive. Cuire au four pendant 25 minutes. Retirer et laisser refroidir.

2 Laver les pommes de terre, les éplucher et les couper en morceaux. Faire cuire dans de l'eau bouillante salée pendant 20 minutes. Laisser égoutter, puis mettre dans un bol avec la courge et écraser le tout à l'aide d'un presse-purée.

3 Éplucher et hacher l'oignon et l'ail. Les faire fondre dans une poêle avec le reste d'huile d'olive. Couper le chorizo en dés, les ajouter dans la poêle et cuire le tout pendant 10 minutes. Retirer et réserver.

Temps de préparation
env. 1 heure
(Temps de cuisson
et de refroidissement en sus)

4 Battre les œufs. Ajouter l'huile de tournesol en filet très mince, sans cesser de remuer. Incorporer le lait, puis le mélange œufs-huile dans la purée de pommes de terre et de courge. Ajouter les oignons, l'ail, le chorizo, le persil, le romarin et les noix hachées. Mélanger la farine avec la fécule et la levure chimique, tamiser sur la pâte et incorporer en même temps que le gruyère. Relever avec du sel, du poivre et du paprika.

5 Répartir la pâte dans les moules et cuire à mi-hauteur du four pendant 50 minutes. Laisser brièvement refroidir les gâteaux dans les moules, puis les détacher et laisser refroidir complètement.

6 Pour la crème au raifort, battre la crème fraîche avec le fixe chantilly. Incorporer le raifort et la moutarde. Assaisonner de sel et de poivre.

7 Dans l'un des gâteaux, découper un grand cercle pour qu'il reste une bordure de 2 cm de large (image 1). Couper l'autre gâteau en deux à l'horizontale, ces parties servent de fond et de couvercle (image 2). Poser l'une des moitiés sur un plat à tarte. Placer le cercle de gâteau par-dessus, en le scellant avec une couche de crème au raifort. Presser légèrement. Disposer les cubes de fromage (image 3). Ajouter la seconde moitié de gâteau à la manière d'un couvercle, et mettant une autre couche de crème au raifort. Presser légèrement.

8 Badigeonner la surface du gâteau avec la crème au raifort restante, et servir parsemé de ciboulette hachée. Se déguste chaud ou froid.

Astuce

Si les gâteaux se sont bombés à la cuisson, taillez les arrondis et rectifiez les surfaces avant l'assemblage.

1

2

3

Kouglof
aux oeufs durs

Avec ce gâteau surprise, chaque brunch est une réussite, et en accompagnement de la prochaine soirée grillades, ce gâteau raffiné aux œufs fera sensation !

Pour 16 parts

Pour la pâte

200 ml de lait
1 cube de levure (42 g)
500 g de farine (T 55)
1 pincée de sucre
1 c.c. de sel
200 g de beurre
2 œufs
200 g de lard maigre
½ bouquet de persil
2 bottes de ciboulette
1 pincée de cumin moulu

Pour la farce

9 œufs

En plus

Beurre et farine pour le moule
Farine pour le plan de travail
Paprika pour saupoudrer

Temps de préparation

env. 40 minutes
(Temps de levage et de cuisson en sus)

1 Pour la pâte, faire tiédir la moitié du lait. Émietter la levure dans le lait, ajouter 2 cuillerées à soupe de farine et 1 pincée de sucre, puis laisser lever le tout à couvert pendant 15 minutes.

2 Mélanger le reste de farine avec le sel dans un bol. Couper le beurre en morceaux et le faire fondre dans le lait restant. Retirer du feu et laisser tiédir. Ajouter les œufs au mélange lait-levure et verser le lait au beurre. Incorporer la farine et malaxer le tout pour obtenir une pâte lisse. Recouvrir le bol et laisser la pâte lever pendant 1 heure dans un endroit chaud.

3 Pendant ce temps, couper finement le lard en dés. Faire revenir lentement et légèrement brunir dans une poêle à température moyenne. Réserver. Laver, secouer le persil et hacher les feuilles. Laver la ciboulette, la sécher et couper en petits tronçons. Cuire durs les 9 œufs pour la farce, puis les passer sous l'eau froide et laisser refroidir.

4 Beurrer un moule à kouglof (d'une contenance de 2 l) et le saupoudrer de farine. Pétrir vigoureusement la pâte sur un plan de travail fariné. Incorporer le lard, le persil, la ciboulette, le cumin et 1 cuillerée à soupe de graisse de lard.

5 Diviser la pâte en trois portions. Avec le premier tiers, former un rouleau et le poser dans le moule à kouglof (image 1). Badigeonner la surface avec de l'eau. Abaisser chacun des deux autres tiers de pâte en rectangles (40 x 15 cm) sur un plan de travail fariné.

6 Écaler les œufs durs et les placer l'un derrière l'autre au centre de l'un des deux rectangles de pâte (image 2). Badigeonner les bords avec de l'eau, poser l'autre rectangle de pâte par-dessus, et presser les bords (image 3). Placer la pâte dans le moule, appuyer et répartir régulièrement. Recouvrir et laisser lever pendant 30 minutes jusqu'à ce que la pâte ait gonflé. Préchauffer le four à 200 °C (th. 6-7). Cuire le kouglof à mi-hauteur du four pendant 45 minutes. Servir saupoudré de paprika.

Astuce

Servez le gâteau aussitôt après la cuisson ! Chaud, il est particulièrement bon, et les œufs sont bien mis en valeur.

1

2

3

Cake à la saucisse

1 Préchauffer le four à 180 °C (th. 6). Huiler un moule à cake (d'une contenance de 1 l environ). Couper la saucisse en trois. Faire chauffer 1 cuillerée à soupe d'huile dans une poêle et faire cuire la saucisse pendant 10 minutes sur tous les côtés. Réserver.

2 Éplucher et hacher l'oignon. Le faire revenir dans la graisse de cuisson de la saucisse et réserver. Couper le fromage de brebis en cubes.

3 Dans un bol, battre les œufs. Verser le reste d'huile en mince filet. Mélanger la farine et la levure, tamiser dans le bol, puis verser le vin blanc. Ajouter l'oignon, les cubes de fromage et le persil. Saler et poivrer.

4 Verser la pâte dans le moule. Saupoudrer finement les morceaux de saucisse de farine et les placer au centre de la pâte l'un au-dessus de l'autre. Cuire à mi-hauteur du four pendant 50 minutes. Après la cuisson, laisser brièvement reposer dans le moule, puis retourner sur une grille et servir.

Pour 10 parts

Pour la pâte

60 cm de saucisse au fenouil (ou 3 saucisses à griller d'environ 20 cm de long)

100 ml d'huile de tournesol

1 gros oignon

100 g de fromage de brebis

3 œufs

225 g de farine

1 sachet de levure chimique

4 c.s. de vin blanc

2 c.s. de persil

Sel

Poivre

En plus

Huile pour le moule

Farine pour saupoudrer

Temps de préparation

env. 40 minutes

(Temps de grillade et de cuisson en sus)

Kouglof à la viande

Pour 16 parts

Pour la pâte

200 ml de lait
1 cube de levure (42 g)
500 g de farine (T 55)
1 pincée de sucre
1 c.c. de sel
200 g de beurre
2 œufs
3 c.s. de persil fraîchement haché

Pour les boulettes de viande

1 petit oignon
2 c.s. d'huile d'olive
1 gousse d'ail
400 g de bœuf haché
1 œuf
1 c.c. de moutarde forte
2 c.s. de chapelure
1 c.s. de parmesan râpé
2 c.s. de persil fraîchement haché
Sel
Poivre

En plus

Beurre et farine pour le moule
Farine pour le plan de travail
Huile pour la cuisson
1 c.s. de persil fraîchement haché pour parsemer

Temps de préparation

env. 40 minutes
(Temps de levage et de cuisson en sus)

1 Pour la pâte, faire tiédir la moitié du lait. Émietter la levure dedans, mélanger 2 cuillerées à soupe de farine et 1 pincée de sucre, et laisser gonfler à couvert pendant 15 minutes. Mélanger la farine restante dans un bol avec le sel. Couper le beurre en morceaux et faire fondre dans le lait restant. Retirer du feu et laisser tiédir. Ajouter les œufs à la farine, ainsi que le mélange de levure et le lait au beurre. Pétrir l'ensemble pour obtenir une pâte lisse. Recouvrir le bol et laisser lever pendant 1 heure dans un endroit chaud.

2 Pendant ce temps, éplucher l'oignon, le hacher et faire revenir à la poêle dans 1 cuillerée à soupe d'huile très chaude. Éplucher et écraser l'ail, et l'ajouter dans la poêle. Faire revenir rapidement, puis malaxer le mélange dans un bol avec la viande hachée, l'œuf, la moutarde, la chapelure, le parmesan et le persil. Saler et poivrer. Avec cette préparation, former de petites boulettes de viande et les saisir de tous côtés dans l'huile d'olive restante. Terminer la cuisson à feu doux pendant 10 minutes. Retirer de la poêle et laisser complètement refroidir.

3 Beurrer un moule à kouglof (d'une contenance de 2 l) et le saupoudrer de farine. Pétrir vigoureusement la pâte sur un plan de travail fariné en incorporant un peu de persil. Diviser la pâte en trois. Avec le premier tiers, former un rouleau et le placer dans le moule. Badigeonner la surface avec un peu d'eau. Abaisser chacun des deux autres tiers en rectangles (40 x 15 cm) sur un plan de travail fariné.

4 Placer les boulettes de viande sur l'un des deux rectangles de pâte. Humecter les bords avec un peu d'eau, poser dessus l'autre rectangle de pâte et presser les bords. Déposer la pâte dans le moule, appuyer et la répartir régulièrement. Couvrir et laisser lever pendant 30 minutes. Préchauffer le four à 200 °C (th. 6-7). Cuire le kouglof à mi-hauteur du four pendant 45 minutes. Servir parsemé de persil.

Index des recettes